My Father

Eduardo Moga

My Father

Mi padre

translated from Spanish
by Terence Dooley

Shearsman Books

First published in the United Kingdom in 2021 by
Shearsman Books Ltd
PO Box 4239
Swindon
SN3 9FN

Shearsman Books Ltd Registered Office
30–31 St. James Place, Mangotsfield, Bristol BS16 9JB
(this address not for correspondence)

www.shearsman.com

ISBN 978-1-84861-757-5

ACKNOWLEDGMENTS
Mi padre was first published by Ediciones Trea, Gijón, in 2019.
This edition contains some additional texts,
written since the first publication.

Some time ago you asked me why I say I'm afraid of you.
As usual, I couldn't think of an answer.

FRANZ KAFKA,
Letter to my father

Once I was lost in a wood. Instead of searching for me, my father
lay down under a tree. I found my way out by his snores.

JESÚS AGUADO,
Letter to my father

Only you and me, and hopelessly united in death…

LEOPOLDO MARÍA PANERO,
Narcissus in the last flute chord

(I feel shame in my very bones for trying to write these things
down. Damn those people who take this for a poem!)

JAIME SABINES,
A little about the death of old Sabines

My father had white hair. I have white hair too. Hair goes white from oxidative stress.

Mi padre tenía el pelo blanco. Yo también tengo el pelo blanco. El pelo encanece por oxidación.

My father let the nail on the little finger of his left hand grow long. He said mandarins would let their nails grow long to show they didn't do manual work. He sold things.

Mi padre tenía muy larga la uña del meñique izquierdo. Decía que los mandarines se dejaban crecer las uñas para demostrar que no hacían trabajos manuales. Él vendía cosas.

My father recalled with pride that he'd been second in his class. In his time, pupils were seated in the classroom according to their efforts, so he had a desk in the front row. But he didn't even complete primary school. War broke out.

Mi padre recordaba con orgullo que había sido el segundo de la clase. Como en sus tiempos escolares se disponía a los alumnos en el aula según su mayor o menor aplicación, él ocupaba un pupitre delantero, acorde con su jerarquía. Pero ni siquiera pudo acabar la educación primaria. Estalló la guerra.

Even after his death the sofa in the dining-room smelt of him. We kept finding his hairs in the cretonne.

Aun muerto, el sofá del comedor olía a él. En la cretona que lo recubría había canas suyas.

My father took me out into the countryside to spot hares, rabbits and birds. I couldn't tell one from the other, but he identified buzzards, eagles, hawks, kites, ospreys, sparrowhawks. Or so he said.

Mi padre me llevaba al campo a avistar liebres, conejos y pájaros. Yo era incapaz de distinguirlos, pero él reconocía a buitres y águilas, a halcones y milanos, a quebrantahuesos y azores. O eso decía.

My father lived in bed. He came home, took off all his clothes and put himself to bed. His night-table drawer was stuffed with snot-stained handkerchieves from his frequent noisy nose-blowing. His slippers were always at the foot of the bed. He shook them off with practised accuracy.

Mi padre vivía en la cama. Llegaba a casa, se desnudaba y se acostaba. El cajón de su mesita de noche estaba lleno de pañuelos pringosos, que ensuciaba con ruidosas regurgitaciones de mocos. Las zapatillas siempre quedaban al pie de las sábanas. Se las quitaba con sacudidas breves y rápidas.

Out in the country we got very thirsty. Discovering water was an adventure. The secret lay in finding the places in the reed-beds where the vegetation was taller and greener. There, there was always a water--hole.

En el campo, pasábamos mucha sed. Descubrir agua era una aventura. El secreto consistía en llegar, en los cañizares, a donde la vegetación era más verde y alta. Allí había siempre un *tollo*.

They wrapped him in a shroud. I kissed him on his forehead. It was ice-cold.

Lo envolvieron en un sudario. Lo besé en la frente. Estaba helado.

My father was very good at making plasticine figurines. He modelled a crocodile or a donkey or a bird and left it on the dining-room table. He also drew very well. In summertime he wrote me letters that were little stories, comic-strips whose characters were him and me. The speech-bubbles were riddled with spelling mistakes.

Mi padre era muy bueno haciendo muñequitos de plastilina. Moldeaba un cocodrilo, o un burro, o un pájaro, y lo dejaba en la mesa del comedor. También dibujaba muy bien. En verano me escribía cartas que eran historietas, pequeños tebeos cuyos protagonistas éramos él y yo. Lo que esos personajes decían estaba plagado de faltas de ortografía.

My father had a stomach ulcer. He took pills, but also swilled wine and stuffed sausage. Once I saw him walking up and down the corridor like a caged bear, wracked with pain. The passage was narrow and he struck both walls with his fists. 'Where am I going? Where am I going tomorrow?', he yelled and yelled. He wouldn't go to the doctor, he was scared of them. My mother went on with her sewing in the dining-room.

Mi padre tenía úlcera de estómago. Tomaba pastillas, pero también vino y embutidos. Una vez lo vi caminar por el pasillo de casa, como un oso enjaulado, retorciéndose de dolor. Como el pasillo era estrecho, golpeaba ambas paredes al mismo tiempo con los puños. «¿A dónde voy mañana? ¿A dónde voy?», no dejaba de gritar. Se negaba a que lo viera el médico. Les tenía pavor a los médicos. Mi madre seguía cosiendo en el comedor.

My father sat me down once at the dining-room table to teach me what good literature was. He read and explained to me the beginning of a Balzac novel, I can't remember if it was *Old Goriot* or *The Magic Skin*. It was very boring, but I didn't tell him. Later I found out that Balzac was a very bad writer.

Mi padre me sentó una vez con él a la mesa del comedor para enseñarme lo que era la buena literatura. Me leyó y explicó el principio de una novela de Balzac, ya no recuerdo si *Papá Goriot* o *La piel de zapa*. Me aburrí mucho, pero no se lo dije. Luego he sabido que Balzac escribía muy mal.

My father went about the house in his underpants. He had enormous testicles. But I never saw his penis.

Mi padre iba en calzoncillos por casa. Tenía unos testículos enormes. Pero nunca le vi el pene.

My father liked to play me at chess. His favourite piece was the knight. I always beat him. After the second or third defeat in a row, he'd say 'Now I'm going to play to win.' And I beat him again.

A mi padre le gustaba jugar conmigo al ajedrez. Su pieza preferida era el caballo. Yo siempre le ganaba. Tras la segunda o tercera derrota, decía: «Venga, ahora voy a jugar en serio». Y volvía a ganarle.

My father had gout. A rich man's disease, he'd say,
with a hint of pride.

Mi padre tenía gota. Una enfermedad de ricos, decía,
con un deje de orgullo.

My father did his military service in Tarragona. He became a lance corporal. And, as he was tall, a sapper. He appears in a group photo crouching, in epaulettes and braid, patent leather cuffs, with a saw on his back, biting the bayonet. I didn't do my service in Tarragona, but I too was a sapper.

Mi padre había hecho la mili en Tarragona. Llegó a soldado de primera. Y, como era alto, fue gastador. En una foto de grupo se le ve agachado, con charreteras y cordones, manguitos de charol, una sierra a la espalda y mordiendo la bayoneta. Yo no hice la mili en Tarragona, pero también fui gastador.

My father underlined and annotated books in biro. I often tasked him with this barbarous practice. To this day I still discover his scribbled traces in books I would never have suspected him of reading. I like finding them.

Mi padre subrayaba y hacía anotaciones en los libros con bolígrafo. Le reproché muchas veces aquella costumbre bárbara. Hoy todavía descubro desmañados escolios suyos en volúmenes donde no sospechaba que los hubiese. Y me gusta encontrarlos.

My father sold espadrilles in a shoe-shop.

Mi padre había vendido alpargatas en una alpargatería.

My father's mother, Nanny Manolita, told me that in her home village, when she was young, a priest thrust himself on her. She shoved him away and cried 'And you, a man of the cloth!'. To which the priest replied 'Yes, but under the cloth a man like any other'.

La madre de mi padre, la yaya Manolita, me contó que, en el pueblo, cuando era joven, un cura se le había echado encima. Ella lo había apartado de un empujón y gritado: «¡Pero usted, un sacerdote!». A lo que el cura había respondido: «Sí, pero, debajo de la sotana, un hombre como los demás».

My father met my mother at a carnival. They were distant cousins. He fell for her because she was beautiful and because she was fifteen and no man had handled her.

Mi padre había conocido a mi madre en una verbena popular. Eran parientes lejanos. Se prendó de ella porque era guapa y porque, con quince años, aún no la había manoseado nadie.

My father scratched his back with a back-scratcher. It was a rod with a little hand on the end. The hand was hook-shaped.

Mi padre se rascaba la espalda con un rascador. Era un palo con una manita en un extremo. La mano tenía forma de gancho.

My father was fond of horses. In his mother's village, where he was sent during the war so he wouldn't suffer from the hunger and the bombardments, he fell in love with one. He stroked its neck and its muzzle (the tenderest part, he said) and the animal thanked him with a low whinny and a quiver of pleasure.

A mi padre le gustaban los caballos. En el pueblo de su madre, al que lo mandaron cuando la guerra para que dejara de sufrir el hambre y los bombardeos de la ciudad, se enamoró de uno. Le acariciaba el cuello y el hocico —su parte más sensible, decía—, y el animal se lo agradecía con un relincho ahogado y un estremecimiento de placer.

In the hunger years my father used to go, alone or with other ragamuffins, to the Montjuic orchards scrumping. Once he fell from a pear-tree onto an asbestos roof and slashed his arm open, from the wrist to the elbow.

En los años del hambre, mi padre iba, solo o con otros golfillos, a los huertos de Montjuïc a robar fruta. Una vez se cayó de un peral a una barraca, y la uralita del tejado le rajó el antebrazo desde la muñeca hasta el codo.

His roommate told us that, after breakfast, he said 'I don't feel well' and collapsed onto the bed.

Su compañero de habitación contó que había acabado de desayunar, había dicho «me encuentro mal» y se había desplomado en la cama.

My father went and stood by the wall and yelled, like an Argentinean commentator, 'goal, goal, goal, goal, goal, goooooooooooal!' each of the five times Barça scored against Madrid at the Bernabéu. The neighbours were from Soria and Madrid fans and he didn't want to waste such a rare opportunity to torment them.

Mi padre se acercaba a la pared y gritaba, como un locutor argentino, «¡gol, gol, gol, gol, gol, goooooo-ooooooool!» con cada uno de los cinco que le marcó el Barça al Madrid en el Bernabéu. Los vecinos eran de Soria y madridistas, y no quería que se le escapase aquella insólita ocasión de zaherirlos.

My father gave me a beating with his belt. As he didn't want to get up from his bed, he sent me to answer the telephone, but I was in a fuss because I didn't want to miss the cartoons and didn't pay attention to what they said but told them it was a wrong number. It was a job offer for him. Furious, he set me loads of sums to do as a punishment. I had trouble with them and couldn't work out the answers. When I looked into the bedroom, where he was still in bed, I said 'you can start to beat me now', so he started to beat me.

Mi padre me dio una paliza con el cinturón. Como no se quería levantar de la cama, me mandó a mí a coger el teléfono, pero yo, apremiado porque la llamada hacía que me perdiera los dibujos animados, no atendí a lo que me dijeron y respondí que se habían equivocado. Era una oferta de trabajo para él. Furioso, me castigó a hacer un montón de divisiones en el comedor. Las divisiones se me daban mal y no supe resolverlas. Cuando me asomé al dormitorio, donde seguía en la cama, y le dije «ya puedes empezar a pegar», él empezó a pegar.

My father used to try and shield his mother from his stepfather, a policeman from Carmona, who beat her.

Mi padre se interponía entre su madre y su padrastro, un guardia civil de Carmona, que le pegaba.

My father's stepfather had spent two years in jail for remaining loyal to the Republic.

El padrastro de mi padre había pasado dos años en la cárcel por permanecer fiel a la República.

My father's stepfather always went about in a vest, unshaven. When they took me over to kiss him he felt prickly.

El padrastro de mi padre siempre iba en camiseta de tirantes y mal afeitado. Cuando me acercaban a él para que lo besara, me pinchaba.

My father liked classical music and jazz. Some Sunday mornings on an ancient record-player he'd play Mussorgsky's *Night on the Bare Mountain*, Borodin's *Polovtsian Dances*, or Rimski-Korsakov's *Flight of the Bumblebee;* and Duke Ellington. My mother, sometimes, played Raphael.

A mi padre le gustaban la música clásica y el jazz. Algunos domingos por la mañana, en un tocadiscos muy viejo, escuchábamos *Una noche en el Monte Pelado*, de Mussorgsky, las *Danzas polovtsianas*, de Borodín, o *El vuelo del moscardón*, de Rimski-Kórsakov; y a Duke Ellington. Mi madre, a veces, ponía a Raphael.

My father never knew his father: he died when he was one. He also had a step-brother, Francisco, who died of T. B. after the war. And a step-sister, Lolita, who died of breast cancer. His mother survived him.

Mi padre no conoció a su padre: había muerto cuando él tenía un año. También tuvo un hermanastro, Francisco, que murió de tuberculosis en la posguerra. Y una hermanastra, Lolita, que falleció de cáncer de mama. Su madre le sobrevivió.

My father took me to see the *Harlem Globetrotters* every San Juan festival. Their act was the same every year. One trick was throwing a bucket of water into the crowd which turned out to be full of confetti. Another was pulling down a rival player's shorts. Another featured a player hiding the ball under his shirt against his belly, and the other team searching for it desperately all over the court. The *Harlem Globetrotters* always won. My father called them the *globertroters*.

Mi padre me llevaba a ver los *Harlem Globetrotters* cada San Juan. Todos los años hacían lo mismo. Un número consistía en echarle un cubo de agua al público y que solo saliera confeti. En otro, le bajaban los pantalones a un jugador rival. En otro, un jugador se guardaba la pelota en la tripa, debajo de la camiseta, y hacía que los contrarios la buscaran, desorientados, por toda la cancha. Los *Globetrotters* siempre ganaban. Mi padre los llamaba los *globertroters*.

My father used to say 'dispiline' for 'discipline',
'hynoptize' for 'hypnotize', 'discursion' for 'discus-
sion', 'us went away' and not 'we went away'.

Mi padre decía «disciplencia» y no «displicencia»,
«hinoptizar» y no «hipnotizar», «discursión» y no
«discusión», «ayer nos marchemos» y no «ayer nos
marchamos».

My father smoked *Bisonte* cigarettes.

Mi padre fumaba Bisonte.

My father wore a suit and tie to the theatre. My mother took trainers in her bag, and when they came out of the show she took off her heels in the street and put them on.

Mi padre se ponía traje y corbata cuando iba al teatro. Mi madre llevaba unas zapatillas en el bolso y, al salir de la función, en la calle, se quitaba los tacones y se las calzaba.

I only saw my parents kiss each other on the lips once: when my mother said goodbye to him before his heart surgery.

Solo vi a mis padres besarse en la boca una vez: cuando mi madre lo despidió a la entrada del quirófano en el que iban a operarlo del corazón.

My father's father-in-law fled his village during the Civil War. In France he worked as a builder and made a bigamous marriage. As he was a communist, his first wife and mother of his two daughters was denied social assistance. So as not to die of hunger they escaped into the countryside and ended up in Barcelona. He never sent them any money; quite the opposite, he sometimes asked them for money. He returned to his village to die. He was diabetic and had to have a leg amputated. When he died, they found a cupboard full of tins of condensed milk in his house.

El suegro de mi padre huyó del pueblo con la Guerra Civil. En Francia, trabajó de albañil y se volvió a casar: fue bígamo. A su mujer y madre de sus dos hijas, esposa de un rojo, le negaron el Auxilio Social. Para no morirse de hambre, se echaron a los campos y acabaron marchándose a Barcelona. Él nunca les envió dinero; antes bien, a veces se lo pedía. Volvió al pueblo para morir. Era diabético y tuvieron que amputarle una pierna. Cuando falleció, encontraron en su casa un armario lleno de botes de leche condensada.

My father took me to late-night wrestling matches.
The *bad guys* wore masks and beat their chests like
gorillas. The crowd booed them with all their might.
The place stank of liniment, tobacco and sweat.

Mi padre me llevaba a ver combates nocturnos de
lucha libre. Los *malos* solían llevar máscara y se
golpeaban el pecho como gorilas. El público los
abucheaba con ferocidad. El local olía a linimento,
tabaco y sudor.

My father, in bed, sometimes tried to caress my mother's hair or cheek. My mother pushed his hand away and grunted. My father laughed. Then they went on watching TV.

Mi padre, a veces, en la cama, intentaba acariciarle el pelo o la mejilla a mi madre. Mi madre le apartaba la mano y soltaba un gruñido. Mi padre se reía. Luego seguían viendo la televisión.

My father once took me to hear a famous speaker at the Ritz. When they called for questions afterwards, he asked one.

Mi padre me llevó una vez a una conferencia de un orador famoso en el hotel Ritz. En el turno de preguntas, se puso de pie e hizo una.

A mass was held for my father in the church next to the hospital. I prayed for him. Since then I haven't asked anything of any god.

A mi padre le dedicaron una misa en la iglesia vecina del hospital. Recé por él. Nunca he vuelto a pedir nada a ningún dios.

My father had few friends. One was called Satur; another old Sebas, he hadn't seen him in a long time; a third, whose name I don't recall, had emigrated to Sweden years before. When my father died, we wrote to tell him. The letter was returned to sender.

Mi padre tenía pocos amigos. Uno se llamaba Satur; a otro, el Sebas, hacía mucho tiempo que no lo veía; un tercero, cuyo nombre no recuerdo, había emigrado a Suecia años atrás. Cuando mi padre murió, le enviamos una carta para comunicárselo. Vino devuelta.

My father, my mother and I sometimes went to San Sebastián beach in the Barceloneta on Sunday. The green bus was always full and we sweated buckets. The beach smelled of *Nivea* and salt. The showers were revolting: especially the sludge of urine, dirty water and sand on the floor but my father didn't seem to notice.

Mis padres me llevaban algunas mañanas de domingo a la playa de San Sebastián, en la Barceloneta. El autobús, verde, iba siempre lleno y sudábamos mucho. La playa olía a *nivea* y a sal. Las duchas me repugnaban: sobre todo, el barrillo de orines, agua sucia y arena que se formaba en el suelo y que mi padre no tenía reparo en pisar.

My father came home in a temper when he found out his mother had got herself a boyfriend. The idyll was short-lived. She was soon put into a care home, a large gloomy flat in the Ensanche district of Barcelona.

Mi padre volvió enfurecido a casa cuando supo que su madre se había echado novio. El idilio no duró mucho. Pronto la metieron en una residencia, un piso sombrío y laberíntico del Ensanche barcelonés.

My father worked for a firm that sold and installed TV aerials. Occasionally I went to his office with him. I liked messing about with the typewriter.

Mi padre trabajó en una empresa de venta e instalación de antenas de televisión. Alguna vez fui con él a la oficina. Lo que más me gustaba era trastear con la máquina de escribir.

My father met Macià Alavedra. He talked about it with the pride of someone basking in reflected glory. Macià Alavedra is dead now. In his latter years he was caught up in various corruption scandals and was convicted of money-laundering and taking bribes.

Mi padre conoció a Macià Alavedra. Lo contaba con el orgullo de quien comparte el *glamour* de alguien importante. Macià Alavedra ya ha muerto. En sus últimos años, estuvo imputado en varias causas de corrupción y fue condenado por blanqueo de dinero y cobro de comisiones ilegales.

My father liked boxing. We watched the fights on TV. He was a fan of Cassius Clay (he never called him Mohammed Ali). My mother thought he was very handsome. One Christmas I asked for boxing gloves. I got them. They were stuffed with straw. I also asked for a punch-ball. Its base was stuffed with sand. I did my training in the dining-room.

A mi padre le gustaba el boxeo. Veíamos los combates por televisión. Admiraba a Cassius Clay (nunca lo llamó Mohamed Alí). A mi madre le parecía muy guapo. Unos Reyes, pedí unos guantes de boxeo. Me los trajeron. Estaban llenos de paja. También pedí un punching ball. La base en la que se enclavaba estaba llena de arena. Entrenaba los golpes en el comedor.

My mother said that, if my father died, she wouldn't get married again.

Mi madre decía que, si mi padre se muriera, nunca más se volvería a casar.

My father told me I had to be proud of being a
Catalan. Us Catalans were more intelligent and
industrious than the rest of them.

Mi padre me decía que tenía que estar muy
orgulloso de ser catalán. Los catalanes éramos más
inteligentes y trabajadores que los demás.

My father liked bullfights. He only took me to the bullring once, when I was five. As soon as the bull came into the ring, I burst out crying.

A mi padre le gustaban los toros. Solo me llevó a la plaza una vez, con cinco años. En cuanto salió la res, me eché a llorar.

We buried my father in Castelldefels cemetery. He thought it looked like a chocolate box. His niche was on the fifth floor.

A mi padre lo enterramos en el cementerio de Castelldefels. El cementerio le parecía una bombonera. Su nicho estaba en el quinto piso.

My father was very good at Misère. It's an upside-down card-game: the one with the least points wins. I tried to copy his clever discards and especially his elegance in victory and, particularly, in defeat. Now I have no-one to play with.

Mi padre jugaba muy bien al ganapierde. Es un juego al revés: gana el que menos puntos consigue. Yo intentaba imitar la astucia de sus descartes y, sobre todo, su elegancia, tanto en la victoria como, sobre todo, en la derrota. Ahora no encuentro con quien jugar.

My father wanted me to be a girl. He'd have called me Nuria. Girls looked after their parents when they were old, he said.

Mi padre quería que yo fuese una niña. Me habría llamado Nuria. Las niñas, decía, cuidaban más a sus padres cuando eran viejos.

My father kept a letter from Juan Antonio Samaranch, when he was an M.P., and the already yellowed clippings of letters to the editor he'd had published in *La Vanguardia.*

Mi padre conservaba una carta de Juan Antonio Samaranch, cuando era procurador en Cortes, y los recortes, ya amarillentos, de varias cartas al director que le habían publicado en *La Vanguardia.*

For 25 years, on All Saints day, my mother and I took an orchid, his favourite flower, to his grave and we cleaned the stone of his niche. I had to climb a very tall ladder to do it. My mother stood at its foot holding it steady and muttering 'There's nothing we can do now'. But we never went to the cemetery on November 1st so as not to demean our mourning by mingling with the rabble on All Souls day.

Durante 25 años, por Todos los Santos, mi madre y yo llevábamos una orquídea —su flor favorita— a su tumba y limpiábamos la lápida del nicho. Yo había de subirme a una escalera muy alta para hacerlo. Mi madre se quedaba al pie sujetándola y murmurando: «Ya no se puede hacer nada». Pero nunca íbamos al cementerio el 1 de noviembre, para no diluir nuestro homenaje en la grosera aglomeración del Día de Difuntos.

My father remembered the fascist bombing raids on Barcelona. The sirens sounded, his mother took his hand and they ran down the stairs of their building to the nearest underground shelter. They stayed there till the attack was over. Sometimes they had to spend the night in the tunnels.

Mi padre recordaba los bombardeos de Barcelona de la aviación fascista. Sonaban las sirenas, su madre lo cogía de la mano y bajaban corriendo las escaleras de la casa hasta el refugio del metro más cercano. Allí esperaban a que el ataque acabara. A veces, tenían que pasar la noche en los túneles.

My father used to snore. He would stop breathing for seconds at a time. From my room at the far end of the corridor, his snoring sounded like the saw in a sawmill.

Mi padre roncaba. Tenía apneas que duraban varios segundos. Desde mi habitación, al otro extremo del pasillo, yo oía sus ronquidos como el tronzador de una serrería.

My father was a good swimmer, and swam with his head underwater.

Mi padre era un buen nadador, capaz incluso de respirar metiendo la cabeza en el agua.

My father was an anglophile, though he wanted Gibraltar back. He liked rugby, though he didn't really know the rules. He liked Phileas Fogg, though his phlegm had been described by a Frenchman. He liked Agatha Christie, though she wrote so badly. And he was enthusiastic in his recommendation of *Three Men in a Boat (to Say Nothing of the Dog).* He was right about that.

Mi padre era anglófilo, aunque reivindicase Gibraltar. Le gustaba el rugby, aunque apenas conociera sus normas. Le gustaba Phileas Phogg, aunque su flema la hubiese descrito un francés. Le gustaba Agatha Christie, aunque escribiera tan mal. Y me recomendó con fervor *Tres hombres en una barca (por no mencionar al perro).* En eso acertó.

My father gave me a Rolex. The finest watch in the
world, he said. I don't know what's become of it.

Mi padre me regaló un rólex. El mejor reloj del
mundo, decía. No sé dónde lo he puesto.

My father's niche was rented. When his lease expired, the undertaker's men took his coffin out of the hole and transferred his bones, wrapped in the remnants of the shroud, to a smaller casket. Then we drove him, in the boot of the car along with suitcases, old toys, and a portable cooler, to Chalamera. There we put him in the family vault.

Mi padre era un muerto de alquiler. Cuando venció el plazo del arrendamiento del nicho, unos operarios sacaron el ataúd del agujero y traspasaron los huesos, enredados en jirones del sudario, a un féretro más pequeño. Luego lo llevamos en el portaequipajes del coche a Chalamera, con varias maletas, algunos juguetes viejos y una nevera portátil. Allí lo metimos en la tumba de la familia.

My father yelled 'The Republic forever!' when he'd already had plenty to drink at family parties, but it was as if he was shouting 'Pepa forever!' or 'Hurrah for me!'. He hated Franco, but didn't crack open the champagne when he died. Later he always voted for Jordi Pujol.

Mi padre gritaba «¡Viva la República!» cuando ya había bebido bastante en las fiestas familiares, pero lo hacía como habría podido gritar «¡Viva la Pepa!» o «¡Viva yo!». Aborrecía a Franco, pero no descorchó ninguna botella de champán cuando murió. Luego votó siempre a Jordi Pujol.

My father detested Pedro, his Extremaduran brother-in-law. He was cold, even rude, towards my grandmother who he lived with all his life. He always spoke warmly about his cousins in France however.

Mi padre detestaba a Pedro, su cuñado extremeño. A mi abuela, con la que convivió toda la vida, la trataba con frialdad, cuando no con aspereza. De sus primos en Francia, en cambio, siempre habló con simpatía.

My father mourned the loss of his family's properties in the Arán valley, confiscated by the Francoists after the Civil War. But when his French cousins asked him to go shares on a lawyer to try and get them back, he said it was a matter of indifference to him and anyway he didn't have the money.

Mi padre recordaba con dolor las propiedades en el valle de Arán que las autoridades franquistas le habían arrebatado a su familia al acabar la Guerra Civil. Pero, cuando sus primos franceses le pidieron que contribuyera a pagar a un abogado para recuperarlas, dijo que no tenía ganas ni dinero.

Past fifty, my father was unemployed for many years. Then he took early retirement. Then he died.

Mi padre, ya cincuentón, estuvo en paro muchos años. Luego se prejubiló. Después se murió.

Once I saw my father wandering around the neighbourhood. He went into a pub and came out. Then he went into another one. He seemed aimless and distracted. I didn't speak to him.

Una vez vi deambular a mi padre por las calles del barrio. Entraba en un bar y salía. Luego en otro. Parecía ausente, sin rumbo. No le dije nada.

He once hit me so hard I banged my head on the wall.

Mi padre me dio una vez una bofetada que me hizo chocar la cabeza contra la pared.

My father went to see my headmaster one day, because one of my teachers had hit me. When I came back into class the next day, the teacher called me a Little Lord Fauntleroy.

Mi padre fue un día a hablar con el director del colegio, porque un profesor mío me había dado un bofetón. Cuando volví a clase al día siguiente, el profesor me dijo que yo era muy señorito.

My father yelled at my mother one day: 'All right, let's separate!' I don't recall what they were arguing about. I didn't feel grief, just vertigo.

Mi padre le gritó un día a mi madre: «¡Pues nos separamos!». No recuerdo de qué discutían. No sentí dolor, sino vértigo.

My father never had a car. He said a car cost more than a foolish son. But he loved it when I drove him places.

Mi padre nunca tuvo coche. Decía que un coche gastaba más que un hijo tonto. Pero le encantaba que, cuando lo tuve yo, lo llevara a sitios.

My father claimed to be an atheist, but he married in church, and sent me to catholic school.

Mi padre se declaraba ateo, pero se casó por la Iglesia y me envió once años a un colegio de curas.

My father sided with the Jews in their wars with the Arabs. Once he told me he thought we had Jewish blood. The Moors were despots; the Jews, however, were clever. Like the Catalans.

Mi padre simpatizaba con los judíos en el conflicto con los árabes. Alguna vez me dijo que creía que teníamos antepasados judíos. Los moros eran unos sátrapas; los judíos, en cambio, eran listos. Como los catalanes.

I don't remember my parents celebrating their silver wedding. I was doing my national service. And I didn't give them a present either.

No recuerdo que mis padres hicieran ninguna celebración por sus bodas de plata. Yo estaba en la mili. Tampoco yo les regalé nada.

My father had a cane he said had belonged to Charlie Chaplin. Chaplin was his favourite film-star. I still have the cane, chipped.

Mi padre tenía un bastón de caña que decía había pertenecido a Charlot. Charlot era su cineasta favorito. Conservo el bastón, descantillado.

My father remembered seeing a German parachutist land in his village during the war The airman took out his *Luger,* terrified, but didn't shoot at anyone. They took away his gun and lead him away. He never found out what they did to him.

Mi padre recordaba haber visto caer en el pueblo a un paracaidista alemán durante la guerra. El aviador sacó la *luger,* aterrado, pero no disparó a nadie. Le quitaron el arma y se lo llevaron. Nunca supo qué le hicieron.

On Sunday mornings, I would hear my father talking to my mother in bed. 'Pillow talk', the English call it. I too used to talk to my wife in bed. Once.

Los domingos por la mañana yo oía a mi padre hablar con mi madre en la cama. *Pillow talk*, lo llaman los ingleses: 'charla de almohada'. Yo también he hablado con mi mujer en la cama. Ya no.

My father never found out that Fernando, a builder from Azanuy, had lured me into his house, one of the few with television in those days, to watch *Un, dos, tres*, the game show, and touched me and made me touch him. My mother didn't want to tell him.

Mi padre no se enteró de que Fernando, un albañil de Azanuy, me había engatusado con ver el *Un, dos, tres* en su casa, una de las pocas que tenían entonces televisión, y me había tocado y hecho que lo tocara. Mi madre no quiso decírselo.

My father had many relatives in France, escaped there after the war. Several were the children of his uncle Mauricio, who was in the Resistance and died in an ambush, shot in the back. His widow, María, almost illiterate, spoke four languages. His daughter Germena wrote in a shaky hand her family history. Zenón, son of another uncle, Manuel, was also in the Resistance and took part in the invasion of the Arán valley. One bullet ripped off the little finger of his right hand, and another, a dum dum, burst his leg open. He limped till the day he died. Sometimes he showed us x-rays of the limb, dotted still with the white marks left by the exploded bullet.

Mi padre tenía muchos parientes en Francia, huidos tras la guerra. Varios eran hijos de su tío Mauricio, que fue maquis y murió en una emboscada, tiroteado por la espalda. Su viuda, María, casi analfabeta, hablaba cuatro idiomas. Su hija Germena escribió, a mano, una temblorosa historia de su familia. Zenón, hijo de otro tío, Manuel, también fue maquis y participó en la invasión del valle de Arán. Una bala le arrancó el meñique de la mano derecha y otra, dum-dum, le reventó una pierna. Cojeó hasta morir. A veces nos enseñaba radiografías de la extremidad, sembrada todavía de las manchas blancas del proyectil estallado.

My father suffered from aortic stenosis. The artery split and the haemorrhage was fatal.

Mi padre sufría una estenosis aórtica. La arteria se le rajó y la hemorragia fue fatal.

My father never went to the dentist and hardly ever brushed his teeth. They all decayed. He wore dentures.

Mi padre no iba nunca al dentista y apenas se lavaba los dientes. Se le pudrieron. Usaba dentadura postiza.

I never knew, or even suspected, that my parents made love. But, when she was fifty, my mother confided in me she was afraid she was pregnant. It was just the menopause, but I found out how wrong I was.

Nunca supe, ni sospeché, que mis padres hicieran el amor. Sin embargo, con cincuenta años, mi madre me confesó que temía estar embarazada. Solo era la menopausia, pero me reveló mi error.

My father didn't come to the hospital with me when I had an operation on my foreskin; nor did he see me off at the station when I left for military service; he didn't buy me a wedding present either.

Mi padre no me acompañó a la clínica cuando me operé de fimosis; ni me despidió en la estación cuando me fui a la mili; ni me regaló nada cuando me casé.

My father spent hours playing patience on the dining-room table. The cards were greasy and grimy. They made a metallic sound when he threw them down on the oilcloth.

Mi padre se pasaba horas jugando al solitario en la mesa del comedor. La mugre acumulada moteaba las cartas. Hacían un ruido metálico cuando las echaba al hule.

I wonder if one day my sons will write a book like this about me.

Me pregunto si algún día mis hijos escribirán un libro como este sobre mí.

My father used to stroke my hair when we were lying on the bed together watching television.

Mi padre me acariciaba el pelo cuando, tumbados en la cama, veíamos juntos la televisión.

My father read *La Vanguardia*. I always thought *La Vanguardia* a bore. But I looked forward to him coming home so I could snatch the paper and read the sport pages.

Mi padre leía *La Vanguardia*. *La Vanguardia* siempre me pareció aburrido. Pero yo esperaba a que volviera a casa para quitarle el periódico de las manos y leer los deportes.

My father took me to visit the Santa María de Sigena monastery. The convent was in ruins. The church was full of pigeons. The rubble was white with their droppings.

Mi padre me llevó a conocer el monasterio de Santa María de Sigena. El cenobio estaba en ruinas. Las palomas llenaban la iglesia. El guano emblanquecía los escombros.

My father was at my wedding a few months before he died. He wore an ancient tie. His suit, old and shabby, was loose on him. He could hardly carry his suitcase into the hotel: he was fighting for breath. But he wouldn't let my mother help him.

Mi padre asistió a mi boda a pocos meses de su muerte. Llevaba una corbata anticuada. El traje, viejo y algo raído, le quedaba ancho. Apenas había podido acarrear la maleta al hotel: se ahogaba. Pero no había querido que mi madre lo ayudase.

When I was little, I liked to play with my father's feet in bed. I moved his toes about and scratched his calluses. My son, when he was little, stroked my feet too.

De niño, me gustaba jugar con los pies de mi padre en la cama. Le movía los dedos, le arañaba las durezas. Mi hijo, de pequeño, también me acariciaba los pies a mí.

My father had a bar installed in a corner in the flat in Castelldefels. He put up a striped awning with the legend: 'BAR MOGA'. I would go in there to see what grown-up drinks were concealed beneath the bar. But there were only a few dusty ignoble liqueur bottles there. I never saw anyone serving a drink. It smelt of sawdust.

Mi padre hizo instalar un mueble-bar rinconero en el piso de Castelldefels. Le puso un toldo listado en el que se leía: «BAR MOGA». Yo solía entrar para ver qué bebidas adultas se escondían debajo de la barra, pero solo había un par de botellas polvorientas de licores sin grandeza. Nunca vi a nadie servir una copa allí. Olía a serrín.

My father and I used to read poems aloud from *The Thousand Best Poems in Spanish*, in an edition which had lost its cover and my father had wrapped in oil-stained newsprint. We laughed till we cried at *The Banquet* by Baltasar de Alcázar and *How Times Change* by Vital Aza. We also liked *Despair*, attributed to Espronceda.

Mi padre y yo leíamos en voz alta poemas de *Las mil mejores poesías de la lengua castellana*, en una edición que había perdido las cubiertas y que él había sustituido por papeles de periódico, manchados de aceite. Nos reíamos hasta la congestión con «Una cena», de Baltasar de Alcázar, y «Cómo cambian los tiempos», de Vital Aza. También nos gustaba mucho «La desesperación», atribuida a Espronceda.

My father told me 'You have to be the best, always the best' and 'If you fall down, pick yourself up; if you fall down again, pick yourself up again'. Then he rearranged his underpants and went back to his game of patience.

Mi padre me decía: «Has de ser el número uno, siempre el número uno»; y también: «Si te caes, levántate; si te vuelves a caer, vuelve a levantarte». Luego se separaba el calzoncillo de la entrepierna y seguía jugando al solitario.

My father never told me he loved me. Just once he declared, if anything happened to me he'd lose his reason. But it was a clichéd and over-dramatic statement: what anyone with children would feel it their duty to say.

Mi padre nunca me dijo que me quisiera. Solo una vez afirmó que, si me pasara algo, se volvería loco. Pero fue una manifestación previsible y algo teatral: la aseveración que se esperaba de cualquiera que tuviese un hijo.

My father considered himself an intellectual. Sometimes he said so when chomping on a slice of chorizo or a rasher of bacon with his mouth open.

Mi padre se consideraba un intelectual. A veces lo decía mientras masticaba una rodaja de morcón o una loncha de tocino con la boca abierta.

I never saw my father cry.

Nunca vi llorar a mi padre.

When I began working for the civil service, my father asked me to contribute a third of my salary to home. At the end of every month he received the cheque radiant with satisfaction.

Cuando empecé a trabajar en la Generalitat, mi padre me pidió que entregara un tercio del sueldo en casa. Cada final de mes, cogía el cheque radiante de satisfacción.

My father spoke a Catalan full of mistakes. He'd learnt it in the street, from other people who also spoke a Catalan full of mistakes. He said 'pasube' instead of 'passi-ho bé'. He said 'ja s'ho diré' instead of 'ja li ho diré'. He said 'ho que passa' instead of 'el que passa'.

Mi padre hablaba un catalán lleno de barbarismos. Lo había aprendido en la calle, de otras personas que también hablaban un catalán lleno de barbarismos. Decía «pasube» y no «passi-ho bé». Decía «ja s'ho diré» y no «ja li ho diré». Decía «ho que passa» i no «el que passa».

My father carried me to A&E in his arms when I
split my lip on the handlebars of my scooter. I bled
and bled; he ran and ran.

Mi padre me llevó en brazos a urgencias cuando me
partí el labio con el manillar de un patinete. Yo me
desangraba; él no dejaba de correr.

My father wore bow-ties.

Mi padre se ponía pajaritas.

My father farted round the house.

Mi padre se tiraba pedos en casa.

.

My father took me to San Antonio market on Sunday mornings to buy old books. He always haggled with the booksellers. The filthy stalls smelt of tobacco ash. Afterwards, we had a plate of anchovies in a bar.

Mi padre me llevaba al mercado de San Antonio los domingos por la mañana a comprar libros viejos. Siempre regateaba con los vendedores. Los puestos, cochambrosos, olían a ceniza. Luego, nos tomábamos unos boquerones en un bar.

My father wore Floïd aftershave.

Mi padre gastaba Floïd.

My father took me to the Chalamera hermitage along a stony path, which had almost ceased to be a path. Amid rockroses and rosemary, he told me about the barrel vault, the Roman arch and the pantocrator. He preferred the Romanesque to the Gothic.

Mi padre me llevaba a la ermita de Chalamera por un camino pedregoso, que apenas era ya camino. Entre jaras y romeros, me hablaba de la bóveda de cañón, del arco de medio punto y de los pantocrátor. Prefería el románico al gótico.

I wonder if my father took lovers.

Me pregunto si mi padre tuvo amantes.

My father treasured a book by Álvaro de Laiglesia, *A Long Warm Piss*, that the author had dedicated to him without even asking his name: 'To my friend from the bar with best wishes'. Then my parents were barkeepers. Later they were stationers. I have inherited the book.

Mi padre conservaba con orgullo un libro de Álvaro de Laiglesia, *Una larga y cálida meada*, que el autor le había dedicado sin preguntarle siquiera el nombre: «A mi amigo el del bar, con afecto». Entonces mis padres tenían un bar. Luego tuvieron una papelería. Yo he heredado el libro.

My father remembered that one of his officers on military service, Lieutenant Lamarca, a volunteer in the Blue Division, had leapt from the snowy trenches in Krasni Bor and gone after the Russians with a piece of wood.

Mi padre recordaba que uno de los oficiales que le mandaba en la mili, el teniente Lamarca, voluntario en la División Azul, había saltado de la trinchera nevada en Krasni Bor y atacado a los rusos con un palo.

My father kept Swedish pornographic magazines on the top of a wardrobe.

Mi padre guardaba algunas revistas pornográficas suecas en lo alto de un armario.

However hard I try, that's all I can remember about my father.

Por mucho que me esfuerce, no consigo recordar nada más de mi padre.

My father's name was Abel.

Mi padre se llamaba Abel.

Lightning Source UK Ltd.
Milton Keynes UK
UKHW010102170421
382088UK00001B/9

9 781848 617575